Die besten Profi-Tipps für Hyper-V in Windows Server 2 ... Windows 10
Server

Vorwort

In diesem Buch „Hyper-V Profitipps für Windows 10 Server und Windows Server 2012 R2 – Neuerungen und Praxis" möchte ich Ihnen einige interessante Tipps für die bessere Verwaltung von Hyper-V mit Windows Server 2012 R2, Windows 8.1 Update 1 und Hyper-V Server 2012 R2 zeigen. Sie lesen hier Tipps, die über die Möglichkeiten meines Handbuches zu Windows Server 2012 R2 bei Microsoft Press hinausgehen. Ich gehe in diesem Buch auch auf die Neuerungen in Windows 10 Server und Windows 10 ein und zeige, wie Sie mit dieser Version arbeiten. Lernen Sie alle Neuerungen schon vor der Veröffentlichung in der Praxis.

Die Tipps in diesem Buch funktionieren mit Windows Server 2012 R2 und in den meisten Fällen auch mit Windows 10 Server. Ausnahme sind natürlich Tools, die für Hyper-V in Windows Server 2012 R2 entwickelt wurden. Für diese müssen Sie aktualisierte Versionen einsetzen, zum Beispiel für Veeam Backup. Lesen Sie zum Beispiel, wie Sie Linux besser mit Hyper-V virtualisieren, wie Sie mit CMDlets die eine oder andere Verwaltungsaufgabe besser erledigen und mit welchen Tools Sie Hyper-V besser verwalten.

Ich zeige Ihnen auch, wie Sie bei virtuellen Exchange-Servern auf Basis von Exchange Server 2013 SP1 Datenbanken sichern und einzelne Objekte aus den Exchange-Datenbanken der virtuellen Exchange-Server auslesen können. Das Thema Netzwerk, Speicher und Fehlerbehebung kommt auch nicht zu kurz. In meinem Buch zu System Center Virtual Machine Manager 2012 R2 bei Amazon, finden Sie noch mehr Informationen rund um Hyper-V. Auf meinem Blog finden Sie außerdem zahlreiche Links zu weiteren Artikeln, Büchern und Videotrainings. Viele stehen kostenlos zur Verfügung, andere kosten etwas Geld. Alle haben aber eines gemeinsam: Sie lohnen sich und wurden von einem Praktiker für Praktiker erstellt:

http://thomasjoos.wordpress.com

Ich wünsche Ihnen viel Spass mit Hyper-V in Windows Server 2012 R2, Windows 8.1/10 und Windows 10 Server.

Ihr

Thomas Joos

Bad Wimpfen, im Oktober 2014

Inhaltsverzeichnis

Windows 10 Server - Hyper-V nextGen

Mit der Technical Preview von Windows 10 hat Microsoft auch Windows Server Technical Preview zur Verfügung gestellt, den Nachfolger von Windows Server 2012 R2. In den nächsten Abschnitten zeigen wir Ihnen einige der interessantesten Neuerungen im Bereich Hyper-V, die der neue Server mit sich bringt. In den einzelnen Abschnitten in diesem Buch, gehen wir auf die Neuerungen auch in der Praxis ein.

Neue Virtual Machine Configuration-Version - Update-VmConfigurationVersion

Mit Windows 10 Server bietet Microsoft auch einige neue Features für virtuelle Maschinen. Auf diese gehen wir nachfolgend ein. Damit Sie diese Funktionen aber nutzen können, müssen Sie die Version vorhandener, virtueller Server zunächst auf Windows 10 Server aktualisieren. Dazu verwenden Sie das neue CMDlet *Update-VmConfigurationVersion*. Diese Version hat nichts mit der Generation zu tun, also Generation 1 oder Generation 2, sondern sagt lediglich aus mit welchem Virtualisierungs-Host die entsprechende VM kompatibel ist.

Auch wenn Sie einen Server zu Windows 10 Server aktualisieren, oder in einer Livemigrations-Umgebung zur neuen Serverversion verschieben, wird die Hyper-V-Version nicht aktualisiert. Sie müssen diesen Vorgang manuell durchführen.

VMs, die Sie nicht aktualisieren, können Sie jederzeit wieder zu Servern mit Windows Server 2012 R2 zurück verschieben. Allerdings können Sie mit der alten Version nicht die neuen Funktionen von Windows 10 Server nutzen. Auf diese gehen wir nachfolgend ausführlicher ein. Die alte Version in Windows Server 2012 R2 trägt die Bezeichnung Version 5.0, VMs in Windows 10 Server haben die Version 6.0.

Diese VMs laufen nicht auf Servern mit Windows Server 2012 R2! Die Version lassen Sie mit *Get-VM * | Format-Table Name, Version* anzeigen. Der Befehl funktioniert auch in Windows Server 2012 R2.

Abbildung 1.1: *Windows 10 Server kommt mit einer neuen Version für VMs.*

Um eine VM auf Version 6.0 zu aktualisieren, verwenden Sie den Befehl *Update-VmConfigurationVersion vmname* oder *Update-VmConfigurationVersion vmobject*. Wir zeigen den Befehl noch ausführlicher in der Praxis.

Cluster mit Windows 10 Server und Windows Server 2012 R2

Sie können mit Windows 10 Server Clusterknoten mit der neuen Version zu Clustern mit Windows Server 2012 R2 hinzufügen ohne den Betrieb zu beeinträchtigen. Wie bei den VMs gilt auch hier, dass die neuen Funktionen in Hyper-V für Windows 10 Server nur dann zur Verfügung stehen, wenn alle Clusterknoten auf Windows 10 Server aktualisiert wurden. Dazu müssen Sie die Clusterkonfiguration mit *Update-ClusterFunctionalLevel* aktualisieren. Dieser Vorgang ist aber eine Einbahnstrasse. Sie können den Vorgang nicht rückgängig machen.

Betreiben Sie im Cluster Knoten mit Windows 10 Server und Windows Server 2012 R2 können Sie VMs problemlos zwischen den Knoten verschieben. Allerdings sollten Sie den Cluster in diesem Fall nur noch von Servern mit Windows 10 Server aus verwalten oder von Arbeitsstationen mit Windows 10 und installierten Remoteserver-Verwaltungstool für Windows 10 (http://www.microsoft.com/en-us/download/details.aspx?id=44280) und Windows 10 Server. Diese stellt Microsoft bereits für Windows 10 Technical Preview zur Verfügung.

Sie können die neuen Funktionen in Windows 10 Server aber erst dann nutzen, wenn Sie den Cluster auf die neue Version aktualisieren. Sie können für die VMs im Cluster auch erst dann die neue Version für VMs mit *Update-VmConfigurationVersion vmname* konfigurieren, wenn Sie den Cluster auf die neue Version aktualisiert haben.

Erstellen Sie im Cluster neue VMs haben diese immer die Version 5.0 von Windows Server 2012 R2. Erst wenn Sie den Cluster zu Windows 10 Server aktualisieren, werden die VMs mit der neuen Version 6.0 erstellt.

Wenn Sie den Cluster mit *Update-ClusterFunctionalLevel* zur neuen Version mit Windows 10 Server aktualisiert haben, können Sie die VMs zur neuen Version 6.0 aktualisieren. Dazu verwenden Sie *Update-VmConfigurationVersion*. Ab diesem Moment können Sie die neuen Hyper-V-Funktionen in Windows 10 Server nutzen. Sie können allerdings dann keine Clusterknoten mit Windows Server 2012 R2 mehr hinzufügen.

Storage quality of service (QoS) für Dateiserver und Hyper-V

Sie können in Windows 10 Server QoS-Policies erstellen, für Dateiserver verwenden und mehreren virtuellen Festplatten in Hyper-V zuweisen. Hyper-V kann in diesem Fall also auch virtuelle Dateiserver und virtuelle Festplatten an die Leistung anpassen. Dabei handelt es sich im Grunde genommen um keine Neuerung von Hyper-V, sondern um eine Neuerung von Dateiservern mit Windows 10 Server.

Sie können die Richtlinien mit der neuen PowerShell in Windows 10 Server zuweisen oder über WMI. Außerdem können mehrere VHDs die gleiche Richtlinie verwenden. Mehr dazu lesen Sie in der TechNet: http://technet.microsoft.com/en-us/library/596f28ec-e154-4c2e-9e82-7e42afe0e9fa#BKMK_QoS.

VMCX- Neues Format für die VM-Konfiguration in Windows 10 Server

Mit Windows 10 Server gibt es auch ein neues Format für die Speicherdateien der VM-Konfiguration in Hyper-V. Dieses Format kann Windows-Server jetzt wesentlich schneller lesen und schreiben, als in den Vorgängerversionen bis hin zu Windows Server 2012 R2. Außerdem sind die Dateien nicht so anfällig und wesentlich robuster bei Abstürzen, ähnlich zu den VHDX-Dateien.

Das neue Format nutzt die Endung *.vmcx. Für Laufzeitdaten wird die Endung *.vmrs verwendet. Bei den Dateien handelt es sich um Binärdateien. Sie dürfen diese nicht direkt bearbeiten. Windows Server 2012 R2 verwendet in diesem Bereich XML-Dateien.

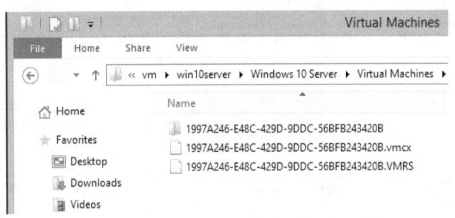

Abbildung 1.2: Windows 10 Server nutzt ein neues Format für die Konfiguration von VMs

Bessere Snapshots - Production Checkpoints

Microsoft hat die Snapshots in Windows 10 Server, auch CheckPoints genannt, wesentlich verbessert. Sie können zu einem bestimmten Zeitpunkt einen Point-In-Time-SnapShot erstellen und diesen später jederzeit wiederherstellen lassen. Das geht zwar grundsätzlich auch in Windows Server 2012 R2 schon aber wesentlich ineffizienter und vor allem unsicherer.

Dazu wird für Snapshots (Checkpoints) jetzt die Datensicherung innerhalb der VM verwendet, im Gegensatz zur Technologie zum Speichern einer VM in den Vorgängerversionen. Die Technik nutzt den Volume Snapshot Service (VSS) im Gast-Betriebssystem, wenn Sie Windows einsetzen und einen Checkpoint erstellen. Die VM weiss jetzt also, dass es einen Snapshot gibt und kann diesen produktiv nutzen.

Virtuelle Linux-Servern verwenden den internen Systempuffer um einen konsistenten Snapshot zu erstellen. In Windows 10 Server stehen aber auch noch die herkömmlichen Snapshots von Windows Server 2012 R2 weiter zur Verfügung. In Windows 10 Server werden jetzt aber standardmäßig die neuen Snapshots verwendet, wenn Sie mit der neuen Version 6.0 arbeiten. Die Einstellungen dazu finden Sie in den Eigenschaften der VMs, wenn Sie auf *Checkpoints* klicken.

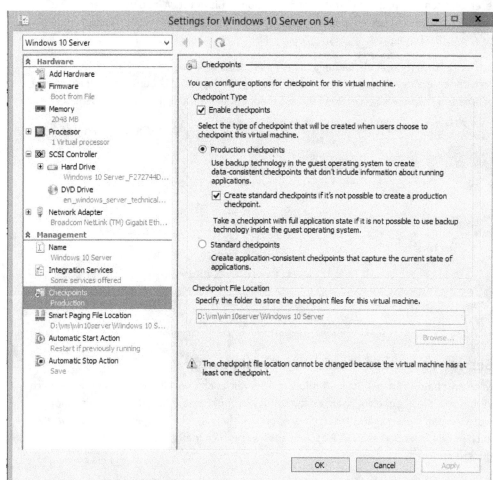

Abbildung 1.3: Hyper-V in Windows 10 Server bietet bessere Snapshots als Windows Server 2012 R2

Wenn Sie noch VMs mit der Version 5.0 einsetzen, verwenden diese weiterhin die herkömmliche Technik für Windows Server 2012 R2.

Verbesserungen im Hyper-V-Manager

Microsoft hat auch in den Hyper-V-Manager Neuerungen integriert. Wenn Sie zum Beispiel neue Hosts im Hyper-V-Manager anbinden, können Sie alternative Anmeldedaten für jeden Host eingeben und diese auch speichern.

Diese Funktion können Sie auch zur Anbindung von älteren Versionen verwenden. Mit dem Hyper-V-Manager in Windows 10 Server können Sie auch Hyper-V in Servern mit Windows Server 2012/2012 R2 und auf Rechnern mit Windows 8/8.1 und natürlich Windows 10 verwalten.

Die neue Version kommuniziert über das WS-MAN-Protokoll mit den Hyper-V-Hosts im Netzwerk und unterstützt jetzt auch CredSSP, Kerberos und NTLM. Mit CredSSP können Sie zum Beispiel Livemigrationen durchführen, ohne zuerst Delegierungen erstellen zu müssen. WS-Man nutzt Port 80, was die Verbindung mit externen Clients und die Remoteverwaltung wesentlich vereinfacht.

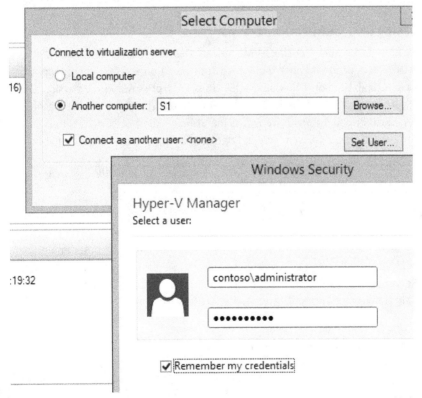

Abbildung 1.4: Im Hyper-V-Manager von Windows 10 Server können Sie jetzt mit verschiedenen Benutzerdaten arbeiten

Integration Services mit Windows Update und WSUS aktualisieren

Mit Windows 10 Server will Microsoft auch die Integrationsdienste in den VMs über Windows Update aktualisieren. Sie können dazu die VMs auch an eine WSUS-Infrastruktur anbinden und auf diesem Weg die Integrationsdienste aktuell halten. Aus diesem Grund hat Microsoft auch die Datei *vmguest.iso* entfernt. Die Datei wird nicht mehr benötigt.

VMs erkennen, wenn Sie virtuell installiert sind und fragen bei WSUS oder Windows-Update direkt nach den Aktualisierungsdaten für die Integrationsdienste.

Netzwerkadapter und Arbeitsspeicher im laufenden Betrieb verwalten

In Windows 10 Server können Sie Netzwerkadapter im laufenden Betrieb hinzufügen und entfernen. Sie müssen dazu VMs also nicht mehr herunterfahren.

Sie können bei Generation 2-VMs auch den Arbeitsspeicher von Servern im laufenden Betrieb anpassen, auch dann wenn Sie nicht Dynamic Memory nutzen. Das funktioniert aber nur wenn auch in der VM Windows 10 Server oder Windows 10 installiert sind.

Linux Secure Boot und Generation 2-VMs

Generation 2-VMs können Sie auch mit Linux-VMs nutzen. Das bietet Linux-VMs auch die Möglichkeit über UEFI zu booten und auch die Secure Boot-Funktion von UEFI zu nutzen. Dazu müssen Sie Ubuntu ab Version 14.04 oder SUSE Linux Enterprise Server ab Version 12 einsetzen. Diese Systeme sind automatisch für Secure Boot aktiviert. Bevor Sie eine solche VM starten, sollten Sie aber erst konfigurieren, dass die VM auch die Microsoft UEFI Certificate Authority nutzt. Dazu müssen Sie den folgenden Befehl auf dem Host eingeben:

Set-VMFirmware vmname -SecureBootTemplate MicrosoftUEFICertificateAuthority

Hyper-V und die PowerShell

Auf den folgenden Seiten lesen Sie einige Tipps und Tricks wie Sie Hyper-V mit der PowerShell verwalten können. Mit *Get-WindowsFeature Hyper-V** zeigen Sie an, ob Hyper-V installiert ist. In Windows Server 2012 R2/Windows 10 Server können Sie mit *-computername* die Installation auch auf Remoteservern im Netzwerk überprüfen.

Um Hyper-V oder die Verwaltungstools zu installieren, verwenden Sie das Cmdlet *Install-WindowsFeature*. Mit *Install-WindowsFeature Hyper-V* installieren Sie die Serverrolle, mit der Option *-IncludeManagementTools* inklusive der Verwaltungstools. Mit der Option *-restart* startet der Server gleich noch neu. Die Verwaltungstools installieren Sie mit:

Install-WindowsFeature Hyper-V-Tools

Laufwerke mit der PowerShell hinzufügen

Bei virtuellen SCSI-Controllern können Sie Laufwerke im laufenden Betrieb hinzufügen. Diesen Vorgang nehmen Sie entweder im Hyper-V-Manager oder der PowerShell vor. Die Vorgehensweise im Hyper-V-Manager ist recht einfach, Sie finden die Assistenten in den Eigenschaften der VMs. In der PowerShell können Sie diese Vorgänger aber auch durchführen. Die Vorgehensweisen sind bei Windows Server 2012 R2 und Windows 10 Server identisch.

Zunächst lassen Sie sich mit folgendem Befehl die SCSI-Controller der VM anzeigen:

Get-VMScsiController -VMname <Name der VM>

Um einem SCSI-Controller eine neue Festplatte hinzuzufügen, verwenden Sie anschließend folgenden Befehl:

Add-VMHardDiskDrive -VMname <Name der VM> -Path <Pfad zur VHDX-Datei> - ControllerType SCSI -ControllerNumber <Nummer>

Mit dem CMDlet *Add-VMScsiController* fügen Sie einem virtuellen Server einen virtuellen SCSI-Controller hinzu.

VHD(X)-Festplatten konvertieren und in der PowerShell verwalten

Haben Sie noch VHD-Dateien im Einsatz, können Sie diese in VHDX-Dateien umwandeln. Sie können zum Konvertieren den Hyper-V-Manager nutzen, oder das CMDlet *convert-VHD*. Im Hyper-V-Manager rufen Sie mit dem Link *Datenträger bearbeiten* den entsprechenden Assistenten auf. Das gilt auch noch in Windows 10 Server

Auf dem gleichen Weg konvertieren Sie auch von VHDX-Dateien zum VHD-Format. Im Rahmen der Umwandlung wählen Sie das Datenträgerformat aus und können auch zwischen dem Typ der Festplatten, also feste Größe oder dynamisch erweiterbar, wechseln.

Das CMDlet *convert-vhd* steht auch zur Verfügung, wenn Sie Hyper-V in Windows 8/8.1 oder Windows 10 Server und Windows 10 installiert haben. Die Syntax des Befehls ist:

Convert-VHD -Path <Pfad zur VHD(X)-Datei> -DestinationPath <Pfad zur Zieldatei>

Eine weitere Option ist die Möglichkeit den Typ der Festplatte zu ändern, zum Beispiel mit:

Convert-VHD -Path <Pfad der VHD/VHDX-Datei> -DestinationPath <Zielpfad und Datei> - VHDType Differencing -ParentPath <Übergeordnete Festplatte>

Ein weiteres Beispiel ist: *Convert-VHD -Path hd1.vhd -DestinationPath hd1.vhdx -VHDType Dynamic.*

Alle Optionen des CMDlets finden Sie auf der Seite http://technet.microsoft.com/en-us/library/hh848454.asp.

Neben der Möglichkeit das Format von Festplatten in der PowerShell umzuwandeln, können Sie auch die Größe von Festplatten in der PowerShell anpassen. Dabei hilft das CMDlet *Resize-VHD*, zum Beispiel:

Resize-VHD -Path c:\vm\owa.vhdx -SizeBytes 1TB

Neben diesen CMDlets, können Sie auch einfach mit *New-VHD* neue Festplatten erstellen und mit *Get-VHD* Informationen zu den Festplatten anzeigen. Virtuelle Festplatten lassen sich in der PowerShell auch direkt mit virtuellen Servern verbinden:

Add-VMHardDiskDrive -VMName <VM> -Path <VHDX-Datei>

Natürlich können Sie virtuelle Festplatten auch direkt am Host anbinden, zum Beispiel um Daten auf die virtuelle Platte zu kopieren und diese erst dann dem virtuellen Server anzubinden: *mount-vhd <VHD-Datei>*. Mit dem CMDlet *unmount-vhd* trennen Sie die virtuelle Platte wieder vom System.

Datensicherung in der PowerShell

Neben der Verwaltung virtueller Server können Sie diese in der PowerShell auch importieren und exportieren. In Windows Server 2012 R2 und Windows 10 Server geht das im laufenden Betrieb der VM, sogar inklusive der Snapshots (Prüfpunkte). Virtuelle Server können Sie mit *Import-VM* importieren und mit *Export-VM* exportieren. Natürlich können Sie auch den Hyper-V-Manager verwenden.

Sie haben auch die Möglichkeit virtuelle Server in Windows Server 2012 R2 zu exportieren und in Windows 10 Server zu importieren. Das geht generell auch umgekehrt. Allerdings darf dann die Verwaltungs-Version der VM in Windows 10 Server noch nicht auf Version 6.0 umgestellt sein.

Auch in Hyper-V-Server 2010 R2/ Hyper-V Server Technical Preview (Windows 10 Server) können Sie virtuelle Server im laufenden Betrieb exportieren/importieren und damit klonen. Snapshots erstellen Sie mit *Checkpoint-VM*. Das funktioniert in Windows Server 2012 R2, aber auch in Hyper-V Server 2012 R2 sowie in den Nachfolgeversionen Sie können ganz einfach überprüfen, ob Prüfpunkte für virtuelle Server auf den Hyper-V-Hosts erstellt wurden. Dazu nutzen Sie den folgenden Befehl in der PowerShell:

Get-VM | Get-VMSnapshot

Der Befehl listet alle Snapshots auf. Auf diesem Weg erkennen Sie daher alle Snapshots auf allen Server des Hyper-V-Hosts. So können Sie unnötige Snapshots entfernen. Dazu verwenden Sie dann entweder die PowerShell oder Tools wie den Hyper-V-Manager und

System Center Virtual Machine Manager 2012 R2. Windows 10 Server verwalten Sie übrigens am besten mit dem Nachfolger von System Center Virtual Machine Manager 2012 R2. Dieser steht ebenfalls als Technical Preview zur Verfügung.

Windows Azure Virtual Machines in der PowerShell verwalten und abfragen

Viele Unternehmen setzen, neben Hyper-V, auch noch auf virtuelle Server in Windows Azure. Auch diese können Sie in der PowerShell verwalten, sogar in der gleichen PowerShell-Sitzung, wie Ihre Hyper-V-Server. Das gilt auch Weiterhin in Windows 10 Server. In meinen ebooks zu SQL Server 2014 und System Center Virtual Machine Manager 2012 R2 gehe ich umfangreich auf diese Möglichkeiten ein.

Für die Verwaltung von Windows Azure über die PowerShell auf dem Rechner, müssen Sie auf dem PC zunächst die Windows Azure PowerShell Cmdlets installieren (https://www.windowsazure.com/en-us/downloads/?fb=de-de). Die CMDlets funktionieren in Windows 7/8/8.1 und Windows Server 2008 R2/2012/2012 R2. Nach der Installation finden Sie die neue Verknüpfung Windows Azure PowerShell. Offiziell sind diese noch nicht für Windows 10 Server freigegeben, das gilt auch für Windows 10.

Sie können die Befehle aber mit dem Befehl *Import-Module Azure* auch in eine PowerShell-Sitzung laden. Um eine Verbindung aufzubauen geben Sie nach dem Start *Get-AzurePublishSettingsFile* ein. Mit dem Befehl öffnet sich der Standard-Browser auf Ihrem Rechner. Nach der Anmeldung am Windows Azure-Portal wird automatisch eine Datei erstellt und auf den Rechner heruntergeladen. Diese Datei müssen Sie einmalig importieren, damit Ihr Rechner das Recht hat Windows Azure über die PowerShell zu verwalten. Die Datei laden Sie auf Ihren Rechner und fügen diese mit dem CMDlet *Import-AzurePublishSettingsFile <Pfad zur .publishsettings-Datei>* ein.

Um die Verbindung zu testen, geben Sie *Get-AzureSubscription* ein. Eine Liste aller Befehle erhalten Sie mit dem Befehl *get-command -module azure*.

```
PS C:\Users\Thomas> Get-AzurePublishSettingsFile

PS C:\Users\Thomas> Import-AzurePublishSettingsFile "C:\temp\azure.publishsettings"

PS C:\Users\Thomas> Get-AzureSubscription


SubscriptionName                            : Kostenlose Testversion
SubscriptionId                              : 7eda4ddd-ff10-482f-b2c7-9652bf32fc39
ServiceEndpoint                             : https://management.core.windows.net/
ResourceManagerEndpoint                     :
GalleryEndpoint                             :
ActiveDirectoryEndpoint                     :
ActiveDirectoryTenantId                     :
ActiveDirectoryServiceEndpointResourceId    :
IsDefault                                   : True
Certificate                                 : [Subject]
                                                  CN=Windows Azure Tools

                                              [Issuer]
                                                  CN=Windows Azure Tools

                                              [Serial Number]
                                                  1180BCE98B952BA74BEF28352A904C97

                                              [Not Before]
                                                  10.06.2014 14:01:57

                                              [Not After]
                                                  10.06.2015 14:01:57

                                              [Thumbprint]
                                                  513D4E4E6A5308C1A06807BB6EF74B71F6
                                              58E192

CurrentStorageAccountName                   :
ActiveDirectoryUserId                       :
TokenProvider                               : Microsoft.WindowsAzure.Commands.Util
                                              ities.Common.Authentication.AdalToke
                                              nProvider


PS C:\Users\Thomas> get-command -module azure |more

CommandType     Name                                            ModuleName
-----------     ----                                            ----------
Alias           Add-WAPackEnvironment                           Azure
Alias           Disable-WAPackWebsiteApplicationDiagnostic      Azure
Alias           Enable-WAPackWebsiteApplicationDiagnositc       Azure
Alias           Get-AzureStorageContainerAcl                    Azure
```

Abbildung 1.5: *Nicht nur Hyper-V, sondern auch virtuelle Server in Windows Azure verwalten Sie in der PowerShell*

Informationen zu virtuellen Servern in der Cloud erhalten Sie mit *get-azurevm*. Sie können also innerhalb einer PowerShell-Sitzung mit *Get-VM* Daten von lokalen Servern abrufen und mit *get-azurevm* Daten von Windows Azure-basierten virtuellen Servern.

Virtuelle Festplatten und Storage

Die folgenden Tipps befassen sich mit dem Thema Storage in Hyper-V. Ich zeige Ihnen einige Tipps für das Zuweisen von Speicher zu den VMs, und das Verwenden von Speicher auf den Hosts selbst. Mehr zu diesem Thema erfahren Sie in meinem Buch „Windows Server 2012 R2 - Das Handbuch", erschienen bei Microsoft Press. Die nachfolgenden Vorgehensweisen funktionieren auch mit Windows 10 Server.

 Generation angeben

Vorbemerkungen	Wählen Sie die Generation dieses virtuellen Computers aus.
Name und Pfad angeben	◯ Generation 1
Generation angeben	Diese Generation virtueller Computer stellt dem virtuellen Computer dieselbe virtuelle Hardware wie in früheren Versionen von Hyper-V bereit.
Speicher zuweisen	
Netzwerk konfigurieren	⦿ Generation 2
Virtuelle Festplatte verbinden	Diese Generation virtueller Computer unterstützt Features wie den sicheren Start, den SCSI-Start und den PXE-Start mithilfe eines standardmäßigen Netzwerkadapters. Die Gastbetriebssysteme
Installationsoptionen	erfordern mindestens Windows Server 2012 oder 64-Bit-Versionen von Windows 8.
Zusammenfassung	⚠ Sobald ein virtueller Computer erstellt wurde, kann seine Generation nicht mehr geändert werden.

Abbildung 1.6: Mit Generation 2-VMs können virtuelle Server auch über SCSI booten

IDE oder SCSI - Welcher virtuelle Controller ist besser?

Einfach ausgedrückt können virtuelle Server in Windows Server 2012 R2 und Windows 10 Server nur von IDE-Controllern booten. Sie können zwar weitere SCSI-Controller hinzufügen, starten können die Server aber nur von virtuellen IDE-Controllern. Das liegt daran, dass die alten Generation 1-VMs in Windows Server 2012/2012 R2 und Windows 10 Server nur von emulierten Controllern und nicht von virtualisierten Controllern wie SCSI starten können.

Physische IDE-Controller bieten zwar weniger Leistung als physische SCSI-Controller, im Bereich der Virtualisierung ist das aber nicht so. Dafür bieten virtuelle IDE-Controller weniger Funktionen, als die virtuellen SCSI-Controller.

Verwenden Sie aber eine Generation 2-VM in Windows Server 2012 R2, Windows 8.1 oder Hyper-V Server 2012 R2, dann starten diese direkt von einem SCSI-Controller. Das gilt auch in Windows 10 Server. Bei diesen Servern wird wiederum kein IDE-Controller verwendet. Allerdings können Sie in diesem Fall nur Computer mit Windows Server 2012/2012 R2 oder Windows 8/8.1 virtualisieren. Natürlich lassen sich jetzt auch Computer mit Windows 10 Server und Windows 10 auf diesem Weg virtualisieren.

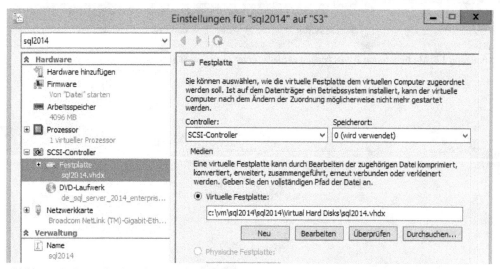

Abbildung 1.7: *Generation 2-VMS verwenden virtualisierte SCSI-Controller*

Das liegt auch daran, dass Hyper-V virtuelle IDE-Controller emuliert, auch noch in Windows 10 Server. Das Betriebssystem in Hyper-V muss daher nicht immer davon ausgehen, dass es virtualisiert zur Verfügung gestellt wird. Ein Betriebssystem, das einen virtuellen IDE-Controller nutzt, greift auf diesen immer genauso zu wie auf einen physischen IDE-Controller. Das gilt aber nur für den eigentlichen Bootvorgang. Hyper-V schreibt die Befehle an den virtuellen IDE-Controller so um, dass die Zugriffe funktionieren. IDE-Festplatten stehen also auch dann zur Verfügung, wenn auf dem virtuellen Server die Integrationsdienste für Hyper-V nicht gestartet sind. Sobald die Integrationsdienste geladen sind, stehen in der VM auch die speziellen Treiber für virtuelle IDE- und SCSI-Controller zur Verfügung.

Bei Generation 2-VMs weiß das Betriebssystem bereits beim Starten, dass es in einer virtuellen Umgebung zur Verfügung gestellt wird. Generation 2-VMs unterstützen allerdings keinerlei emulierte Hardware, auch keine virtuellen IDE-Controller beim Booten. Generation 2-VMs booten also immer über das UEFI-System von virtuellen SCSI-Controllern. Diese werden nicht emuliert, sondern sind als Treiber direkt in den Hypervisor integriert und dadurch von der der VM zugreifbar. Das ist bereits beim Booten des virtuellen Servers der Fall. Sobald ein virtueller Server gestartet ist, und die Integrationsdienste geladen sind, greifen die VMs ebenfalls über Treiber mit dem Hypervisor auf den Controller dazu. Ab diesem Moment gibt es keine Leistungsunterschiede mehr zwischen virtuellen IDE- und SCSI-Controller, da beide über die gleiche Technik angebunden sind.

Der Vorteil von SCSI-Controllern ist außerdem die Möglichkeit im laufenden Betrieb Festplatten zuordnen oder abhängen zu können. Außerdem haben Sie die Möglichkeit physische Festplatten direkt über virtuelle SCSI-Controller an eine VM anzuhängen.

Virtuelle IDE-Controller erlauben maximal zwei virtuelle Geräte pro Controller. Außerdem dürfen Sie nur zwei virtuelle IDE-Controller pro virtuellem Server verbinden, aber dafür vier virtuelle SCSI-Controller. Mit virtuellen SCSI-Controllern stehen Ihnen mehrere Kanäle mit zahlreichen Anschlussmöglichkeiten zur Verfügung. Insgesamt können Sie pro SCSI-Controller 16 Festplatten anschließen, insgesamt also 64.

Generation 2-VMs setzen als Gast-Betriebssystem allerdings Windows Server 2012/2012 R2 oder Windows 8/8.1 voraus, ältere Betriebssysteme unterstützen den neuen Standard nicht. Mit Windows 10 Server wird natürlich auch die neue Server-Version unterstützt sowie Windows 10 als Arbeitsstation.

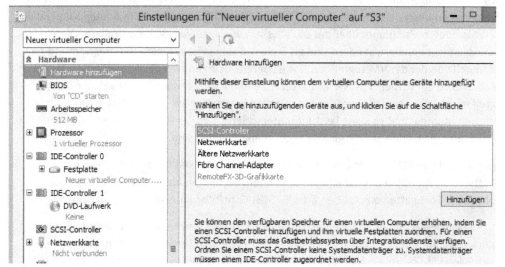

Abbildung 1.8: *Virtuelle IDE- und SCSI-Controller fügen Sie als Hardware zu virtuellen Servern hinzu. Generation 2-VMs in Windows Server 2012 R2 arbeiten hauptsächlich mit virtuellen SCSI-Controllern*

Festplatten, die Sie an virtuellen SCSI-Controllern anschließen, können Sie im laufenden Betrieb des Servers an- oder abhängen. Das geht mit virtuellen und physischen Festplatten, die Sie über virtuelle SCSI-Controller an virtuelle Server anbinden. Auch das geht mit virtuellen Festplatten an virtuellen IDE-Controllern nicht. Hier können Sie zwar auch jederzeit Festplatten an- und abhängen, müssen dazu aber die VM ausschalten.

Neu in Windows Server 2012 R2 ist noch die Möglichkeit die Größe von virtuellen Festplatten im laufenden Betrieb zu ändern. Auch dazu müssen die Festplatten an einem virtuellen SCSI-Controller angeschlossen sein. Das funktioniert auch in Windows 10 Server.

Außerdem können Sie in Windows Server 2012 R2, Windows 10 Server und Windows 8.1/10 virtuelle Festplatten, die an virtuellen SCSI-Controllern angeschlossen sind, mehreren virtuellen Servern zuweisen (Shared VHDX). Sinnvoll kann das für virtuelle Cluster auf Hyper-V-Hosts sein. Diese Option stellen Sie in den erweiterten Features von Festplatten in den Einstellungen des virtuellen Servers ein. Damit das funktioniert, muss die Sharded VHDX auf einem gemeinsamen Datenträger in einem physischen Hyper-V-Host-Cluster positioniert sein. Diese Technik ermöglicht das Erstellen von komplett virtualisierten Clustern auf Basis physischer Cluster. So können Sie nicht nur eine physische Hochverfügbarkeit schaffen, sondern auch die virtuellen Serverdienste virtualisieren.

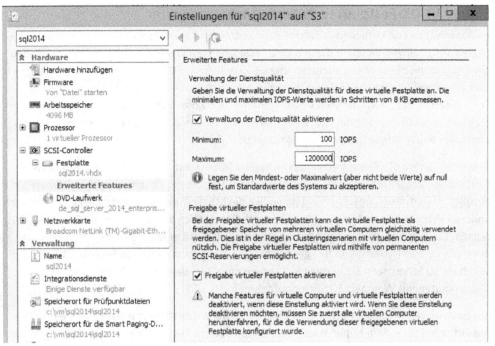

Abbildung 1.9: *In den erweiterten Einstellungen von virtuellen Festplatten können Sie die Bandbreite steuern sowie die Möglichkeit die Festplatten auch in einem virtuellen Cluster zu nutzen*

Was dagegen bei virtuellen IDE- und SCSI-Controllern gemeinsam funktioniert, ist die Möglichkeit die Dienstqualität und Bandbreite von virtuellen Festplatten zu begrenzen. Dazu müssen Sie aber Windows Server 2012 R2 oder Windows 10 Server als Hyper-V-Host einsetzen. Außerdem können Sie Shared VHDX-Festplatten nicht parallel noch in der Bandbreite eingrenzen. Sie müssen sich für eine der beiden neuen Funktionen entscheiden. Bei Windows 10 Server können Sie aber die neuen Storage-Policies verwenden um Leistung von virtuellen Festplatten zu steuern. Das geht in Windows Server 2012 R2 noch nicht.

Shared VHDX-Festplatten nutzen - Virtuelle Cluster

Im Abschnitt zu den virtuellen SCSI- und IDE-Controllern bin ich bereits auf das Thema Shared-VHDX eingegangen. In diesem Tipp zeige ich Ihnen weitere Vorgehensweisen. Neben der Möglichkeit physische Festplatten und iSCSI-Ziele für (virtuelle) Cluster zu nutzen, können Sie in Windows Server 2012 R2 und Windows 10 Server auch die Funktion von VHDX-Festplatten nutzen, auch „Shared VHDX" genannt. Bei dieser Funktion erstellen Sie eine oder mehrere virtuelle Festplatten. Diese Festplatten weisen Sie dann über einen virtuellen SCSI-Controller einem der virtuellen Clusterknoten zu.

Rufen Sie danach die Einstellungen des virtuellen Servers auf, und klicken Sie dann auf *SCSI-Controller\<Festplatte>\Erweiterte Features*. Aktivieren Sie die Option *Freigabe virtueller Festplatten aktivieren*. Anschließend haben Sie die Möglichkeit, diese virtuelle Festplatte auch anderen virtuellen Servern zuzuordnen und auf diesem Weg als gemeinsamen Datenträger zu nutzen. Das funktioniert aber nur dann, wenn die VHDX auf einem gemeinsamen Speicher eines physischen Hyper-V-Clusters gespeichert ist. Basis muss Windows Server 2012 R2 oder Windows 10 Server sein. Sie können in Clustern mit Windows Server 2012 R2 auch Clusterknoten mit Windows 10 Server aufnehmen.

Auf Basis dieses virtuellen Datenträgers bauen Sie dann innerhalb von Hyper-V einen Cluster mit virtuellen Servern in Hyper-V auf. Sie können aber zu Testzwecken einen Cluster mit nur einem Knoten erstellen. Gemeinsame Festplatten können Sie nicht im laufenden Betrieb anpassen, also die Größe der Platten ändern. Das geht nur bei normalen virtuellen Festplatten, die virtuellen SCSI-Controllern zugeordnet sind.

Außerdem können Sie keine Livemigration des Speichers für virtuelle Festplatten durchführen, die Sie im Cluster als Shared-VHDX nutzen.

Beispiel für eine Testumgebung

Um zum Beispiel einen virtuellen Cluster als Dateiserver zu nutzen und die Daten des virtuellen Dateiserver-Clusters in Shared-VHDX-Dateien zu speichern, erstellen Sie einen normalen Cluster.

Um die Shared-VHDX-Platten in einem bestimmten Laufwerk zu speichern, geben Sie in der Befehlszeile folgenden Befehl ein:

FLTMC.EXE attach svhdxflt <Laufwerksbuchstabe>:

Danach können Sie den einzelnen virtuellen Servern im Cluster virtuelle Festplatten hinzufügen und diese als Shared VHDX konfigurieren. Danach erstellen Sie den virtuellen Cluster genauso wie den physischen Cluster.

Erstellen Sie mehrere gemeinsame Festplatten, können Sie diese auf diesem Weg auch zu einem Speicherpool zusammenfassen und ebenfalls im Cluster einsetzen. Den Pool erstellen Sie im Bereich *Speicher\Pools* des Clusters.

Bessere Hochverfügbarkeit für Hyper-V-Cluster

Betreiben Sie Hyper-V in einem Cluster, lassen sich die VMs hochverfügbar betreiben. Fällt ein Knoten im Cluster aus, übernimmt ein anderer Clusterknoten die VMs. Sie können, zusammen mit Shared-VHDX, auch virtuelle Cluster aus VMs erstellen, die wiederum durch einen physischen Hyper-V-Host abgesichert sind. In den folgenden Tipps zeigen wir Ihnen einige Vorgehensweisen, die beim Umgang mit einem Cluster für Hyper-V helfen können.

Cluster Aware Update (CAU) für effizienteres Patchen von Hyper-V-Clustern nutzen

Mit Windows Server 2012 hat Microsoft die Funktion Cluster Aware Update (CAU) eingeführt. Diese Technik erlaubt die Installation von Softwareupdates im laufenden Betrieb des Clusterdienstes und dessen VMs. Die Technik ist auch noch Bestandteil von Windows Server 2012 R2 und Windows 10 Server. Bei diesem Vorgang kann ein Clusterknoten Ressourcen automatisiert auf andere Knoten auslagern, Updates installieren, neu starten und anschließend seine VMs wieder erhalten.

Sinnvoll ist so ein Ansatz vor allem wenn es um Cluster mit Hyper-V geht, da hier zahlreiche VMs mit noch mehr Serverdiensten im Einsatz sind. Hier ist der Ausfall eines Knotens besonders schmerzhaft. System Center Virtual Machine Manager (VMM) 2012/2012 R2 verfügt ebenfalls über eine Komponente, um Hyper-V-Cluster zu aktualisieren, das gilt auch für den Nachfolger von System Center Virtual Machine Manager 2012 R2. Dieser steht bereits als Technical Preview zur Verfügung.

CAU installiert die Updates auf den Knoten die über Windows Update auf dem Server zur Verfügung gestellt werden. Es ist daher durchaus sinnvoll parallel noch eine WSUS-Umgebung zu betreiben. Diese stellt Updates zur Verfügung die von den Clusterknoten heruntergeladen werden. Die Installation steuert anschließend die CAU-Komponente des Clusters.

Standardmäßig verwendet CAU die API für den Windows-Update-Agent. Das heißt, Sie müssen zusätzlich zur Konfiguration von CAU noch festlegen, wie die Updates installiert werden sollen. Dazu verwenden Sie am besten eine WSUS-Infrastruktur und Gruppenrichtlinien zur Anbindung an WSUS. CAU nutzt dann die entsprechenden Updates und verwendet zur Installation die Quelle, die Sie in den Gruppenrichtlinien angegeben haben.

Ohne WSUS verwendet CAU die interne Update-Funktion von Windows Server 2012/2012 R2 oder Windows 10 Server. Wichtig zu wissen ist noch, dass CAU nur die Updates automatisiert installieren kann, die auch über Windows Update installiert werden können. Da über diesen Weg in Windows 10 Server auch die Integrationsdienste aktualisiert werden können, sollten Sie die Technologie in Clustern spätestens mit der Migration zu Windows 10 Server einführen.

Firewall-Einstellungen für CAU

Sie müssen auf allen Clusterknoten eine eingehende Firewallregel erstellen. Als Regeltyp verwenden Sie *Vordefiniert/Remoteherunterfahren*. Das Verwaltungsprogramm für die Firewall starten Sie durch Eingabe von *wf.msc*. Ist die Regel schon vorhanden, können Sie diese über das Kontextmenü einfach aktivieren. Dadurch kann CAU Clusterknoten bei Bedarf neu starten kann, nachdem Updates installiert sind.

Cluster Aware Update aktivieren

Suchen Sie auf der Startseite nach „ Clusterfähiges Aktualisieren" und starten Sie das Tool. Im ersten Schritt lassen Sie sich mit dem Cluster verbinden, für den Sie CAU aktivieren wollen. Danach klicken Sie auf den Link *Vorbereitung auf das Clusterupdate analysieren*. Der Assistent überprüft, ob Sie CAU im Cluster aktivieren können und ob alle Voraussetzungen getroffen sind.

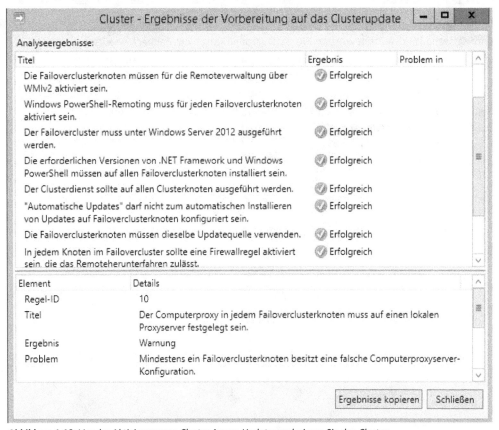

Abbildung 1.10: *Vor der Aktivierung von Cluster Aware Update analysieren Sie den Cluster.*

Starten Sie anschließend die Einrichtung von CAU über einen Assistenten. Diesen rufen Sie mit *Selbstaktualisierungsoptionen des Clusters konfigurieren* auf. Auf der nächsten Seite aktivieren Sie die Option *CAU-Clusterrolle mit aktiviertem Selbstaktualisierungsmodus zum Cluster hinzufügen*. Der Assistent erstellt in Active Directory ein neues Objekt. Dieses können Sie zuvor auch selbst anlegen.

Auf der nächsten Seite legen Sie den Zeitplan fest, an dem sich der Cluster und die einzelnen Knoten automatisiert aktualisieren sollen. Auf der Seite *Erweiterte Optionen* können Sie weitere Einstellungen vornehmen um CAU für Ihr Unternehmen anzupassen. Sinnvoll ist hier zum Beispiel die Option die überprüft, dass die Aktualisierung nur dann gestartet wird, wenn alle Clusterknoten auch online sind. Weitere Möglichkeiten sind das Hinterlegen von Skripten, die vor oder nach der Aktualisierung vom Clusterdienst gestartet werden sollen.

Alle zur Verfügung stehenden Optionen finden Sie in der Microsoft-TechNet (http://technet.microsoft.com/de-de/library/a62dc1ea-f89e-4132-a550-c1c362517e86)

Startet CAU ein Update, führt der Dienst ein Failover für die Clusterrollen durch. Nachdem ein Knoten aktualisiert wurde, werden die Clusterrollen durch ein Failback wieder auf den ursprünglichen Clusterknoten zurück verschoben. Um eine sofortige Aktualisierung zu starten, klicken Sie auf *Updates auf diesen Cluster anwenden*. Bei der Aktualisierung wird der entsprechende Knoten in den Wartungszustand versetzt, die Clusterressourcen, wie zum Beispiel die VMs, auf andere Knoten verschoben, danach die Aktualisierung gestartet, und dann die Ressourcen wieder zurück übertragen. Danach wird der nächste Knoten aktualisiert.

CAU in der PowerShell steuern

Sie können in der PowerShell die Einrichtung von CAU mit *Add-CauClusterRole* vornehmen, oder einen Bericht mit *Export-CauReport* exportieren. Alle CMDlets, inklusive deren Hilfe, sehen Sie am schnellsten, wenn Sie *get-command -module ClusterAwareupdating* eingeben.

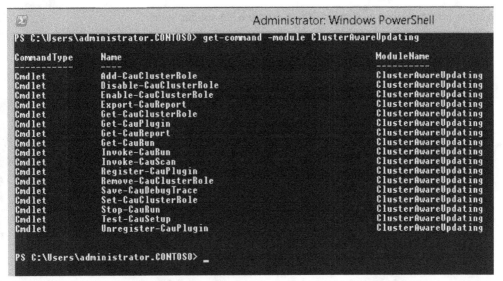

Abbildung 1.11: In der PowerShell können Sie CAU ebenfalls steuern. Dazu können Sie sich mit get-command die einzelnen PowerShell-Befehle für die Steuerung und Einrichtung anzeigen lassen

Mit der Aufgabenplanung können Sie das Cmdlet *Invoke-CauRun* zu einem von Ihnen gewünschten Zeitplan starten lassen. Mit der Selbstaktualisierung kann sich der Cluster auf Basis eines definierten Profils automatisch selbst aktualisieren.

Wenn Sie den Selbstaktualisierungsmodus aktivieren, müssen Sie dem Cluster die CAU-Clusterrolle hinzufügen. Standardmäßig verwendet CAU als Reihenfolge der zu aktualisierenden Knoten deren Aktivitätsgrad. Die Knoten, auf denen die wenigsten Clusterrollen gehostet werden, aktualisiert der Dienst zuerst. Sie können aber eine Reihenfolge festlegen. Dazu verwenden Sie die CAU-Benutzeroberfläche und die Optionen zur Einstellung von CAU.

CAU bietet Exportoptionen über PowerShell und die Benutzeroberfläche. Die Befehle in der PowerShell sind meistens schneller zu erreichen:

Invoke-CauScan | ConvertTo-Xml

Get-CauReport | Export-CauReport

Wollen Sie die Updates aus dem Internet herunterladen lassen, der Cluster hat aber keine direkte Verbindung zum Internet, können Sie auch einen Proxy-Server verwenden. Die Einstellungen können Sie auch in der Befehlszeile mit *netsh* konfigurieren:

netsh winhttp set proxy <Name oder IP des Proxy>:<Port> "<*.Domäne, , <local>>"

Weitere Informationen zu diesem Dienst erhalten Sie auf der Seite http://technet.microsoft.com/de-de/library/hh831367.aspx.

Hyper-V besser verwalten

In den nächsten Tipps zeigen wir Ihnen einige Vorgehensweisen, mit denen Sie Hyper-V grundsätzlich besser verwalten können. Die Tricks funktionieren mit Windows Server 2012 R2 und in den meisten Fällen auch in Windows 10 Server.

VMs in Hyper-V ohne Import integrieren

Wenn Sie eine VM als Sicherung zur Verfügung haben, aber keine Importdaten, ist es in alten Versionen von Hyper-V relativ schwierig diese einzubinden. Es reicht nicht aus, wenn Sie die Datei auf den Server kopieren, auch nicht, wenn Sie das Standardverzeichnis des Servers verwenden. Dieses müssen Sie für die nachfolgende Vorgehensweise zwar kennen, aber das reine Kopieren in dieses Verzeichnis reicht nicht aus. Seit Windows Server 2008 R2, auch in Windows Server 2012/2012 R2 und in Windows 10 Server können Sie VMs auch dann importieren, wenn Sie diese nicht vorher exportiert haben, sondern wenn nur die Kopie des VM-Verzeichnisses vorliegt.

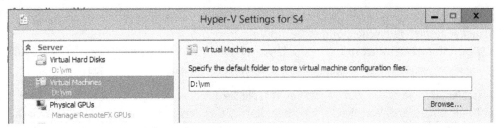

Abbildung 1.12: *In den Hyper-V-Einstellungen von Windows Server 2012 R2 und Windows 10 Server sehen Sie den Standardspeicherort für virtuelle Festplatten und VMs.*

Wir zeigen Ihnen nachfolgend, wie Sie vorgehen können, wenn Sie nur die Kopie einer VM haben, keine echte Export-Datei. Die nachfolgenden Vorgehensweisen haben wir mit Windows Server 2012 R2 getestet. In Windows 10 Server können Sie diese Technik ebenfalls nutzen. Wir haben dieses Thema bereits in den Neuerungen von Windows 10 Server besprochen.

Zunächst überprüfen Sie in den Hyper-V-Einstellungen des Hyper-V-Hosts das Standardverzeichnis für VM. Die Vorgehensweise ist in Windows Server 2012 R2 und Windows 10 Server identisch. Sie finden die Daten in den beiden oberen Bereichen in den *Hyper-V-Einstellungen*.

VMs aus dem Hyper-V-Manager löschen - Neuerungen in Windows 10 Server beachten

Sie können im Hyper-V-Manager VMs ausblenden lassen, ohne deren Konfiguration zu verlieren. Wollen Sie die VM wieder verwenden, können Sie diese einfach wieder einblenden und dabei die Vorgehensweisen im nächsten Abschnitt verwenden.

Wollen Sie eine VM entfernen, müssen Sie auf dem Server zunächst den Verwaltungsdienst für VMs beenden. Geben Sie dazu in der Befehlszeile *net stop vmms* ein. Der Betrieb der VMs auf dem Server werden davon nicht beeinflusst, sondern nur deren Verwaltung im Hyper-V-Manager.

Wechseln Sie dazu in das Verzeichnis in welchem die VM gespeichert ist. Sie finden hier einen Unterordner *Virtual Machines*. Dieser besteht aus der GUID der VM und der Endung XML. In Windows 10 Server haben diese Dateien die Endung VMCX (siehe Abschnitt zu den Neuerungen in Windows 10 Server in diesem Buch). Sie können daher die beschriebene Vorgehensweise nicht in Windows 10 Server nutzen.

Haben Sie in Windows Server 2012 R2 die GUID der VM herausgefunden, die Sie im Hyper-V-Manager ausblenden wollen, öffnen Sie das Verzeichnis *%PROGRAMDATA%\Microsoft\Windows\Hyper-V\Virtual Machines*. Hier finden Sie eine 0 KB-große Datei, welche auf die eigentliche XML-Datei verweist. Löschen Sie diese Datei.

Verschieben Sie jetzt das Verzeichnis der VM, die Sie aus dem Hyper-V-Manager ausblenden wollen in ein anderes Verzeichnis, oder benennen Sie das Verzeichnis um. Starten Sie danach mit *net start vmms* den Dienst für die Verwaltung virtueller Server wieder. Die VM sollte jetzt im Hyper-V-Manager ausgeblendet werden.

VMs im Hyper-V-Manager integrieren

Um eine VM ohne Import-Daten in Hyper-V zu integrieren, gehen Sie folgendermaßen vor:

1. Öffnen Sie den Hyper-V-Manager.
2. Klicken Sie auf *Virtuellen Computer Importieren*.
3. Wählen Sie das Verzeichnis aus, welches Sie zuvor entfernt haben.
4. Wählen Sie die Option aus, wie der Server importiert werden soll. Die notwendigen Dateien werden automatisch erstellt.

VM aus Windows Server 2012 R2 in Windows 10 Server integrieren

Um eine VM von Windows Server 2012 R2 in Windows 10 Server zu importieren, gehen Sie folgendermaßen vor:

1. Kopieren Sie das Verzeichnis mit der VM auf den Hyper-V-Host mit Windows 10 Server.

2. Öffnen Sie den Hyper-V-Manager und klicken Sie auf *Import Virtual Machine*.

3. Wählen Sie das Verzeichnis des neuen virtuellen Servers aus.

4. Wählen Sie aus, auf welcher Art Sie die VM importieren wollen.

5. Schließen Sie den Import ab.

6. Die VM hat noch die VM-Version 5.0 von Windows Server 2012 R2. Damit Sie die neuen Funktionen in Hyper-V von Windows 10 Server nutzen können, öffnen Sie eine neue PowerShell-Sitzung.

7. Geben Sie den Befehl *Update-VmConfigurationVersion <Name der VM >* an.

8. Überprüfen Sie mit *Get-VM * | Format-Table Name, Version* ob die VM die neue Version verwendet. Sie sehen die Version auch im Hyper-V-Manager im unteren Bereich, wenn Sie die VM markieren.

9. Rufen Sie die Einstellungen der VM auf. Im Bereich *Checkpoints* können Sie jetzt zum Beispiel die neuen Funktionen nutzen, die wir im Abschnitt zu den Neuerungen in Hyper-V behandelt haben.

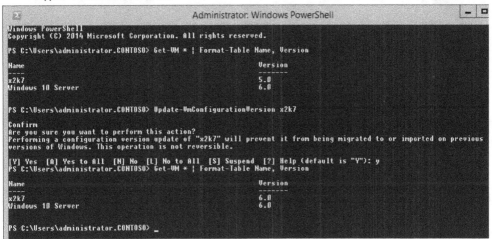

Abbildung 1.13: *Nach der Übernahme einer VM von Windows Server 2012 R2 können Sie die VM-Version aktualisieren*

IP-Adressen und Daten von virtuellen Servern auslesen

Im Hyper-V-Manager sehen Sie die IP-Adressen und Netzwerkdaten von virtuellen Servern, wenn Sie einen Server markieren und ganz unten die Registerkarte *Netzwerk* aufrufen. Sie sehen an dieser Stelle auch den virtuellen Switch mit dem der virtuelle Server verbunden ist und welchen Status die Verbindung hat. Diese Technik funktioniert auch in Windows 10 Server.

Im Bereich Zusammenfassung sehen Sie auch die Version der VM, also ob diese bereits auf Windows 10 Server umgestellt wurde, und deren Generation.

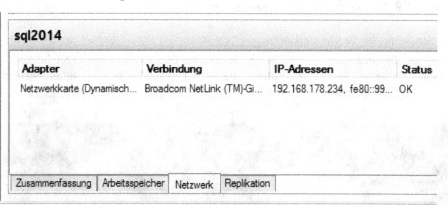

Abbildung 1.12: Im Hyper-V-Manager erkennen Sie auch ohne Zusatztools und erweiterte Werkzeuge wichtige Daten eines virtuellen Servers

Auch in der PowerShell können Sie Informationen abrufen. Die IP-Adressen aller Server erhalten Sie mit *Get-VM | foreach{(Get-VMNetworkAdapter $_).IPAddresses}*.

Eine Liste aller erstellten virtuellen Server eines Hyper-V-Hosts rufen Sie mit *Get-VM* ab. Mit der Option */fl* erhalten Sie weiterführende Informationen. Alternativ verwenden Sie */ft*. Sie erhalten so auch Echtzeitdaten, also auch den zugewiesenen Arbeitsspeicher, wenn Sie Dynamic Memory einsetzen. Mit *Get-VMhost* können Sie auch Informationen zu den Hyper-V-Hosts abfragen.

Sie können mit *Get-VM* die virtuellen Server eines Hyper-V-Hosts auslesen und mit *Get-VMHardDiskDrive* die virtuellen Festplatten dieser Server:

Get-VMHardDiskDrive (Get-VM)

Veeam Task-Manager for Hyper-V

Veeam bietet, neben dem in diesem Buch vorgestellten Tools One und Backup, noch ein Tool an, mit dem Sie die Leistung Ihrer Hyper-V-Server im Auge behalten können. Veeam Task Manager for Hyper-V (http://hyperv.veeam.com/free-task-manager-hyper-v-performancemonitoring/) zeigt die aktuelle Auslastung der Hosts und der einzelnen VMs in einem übersichtlichen Fenster an.

Bei unseren Tests hat das Tool auch in Hyper-V in Windows 10 Server funktioniert, allerdings ist das Tool offiziell für Windows Server 2012/2012 R2 freigegeben.

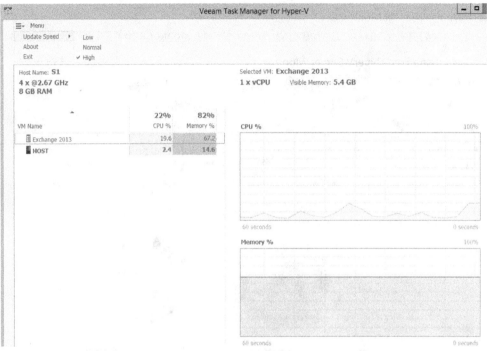

Abbildung 1.13: *Mit Veeam Task-Manager for Hyper-V überwachen Sie Hyper-V-Server im Netzwerk*

Hyper-V kostenlos überwachen

Es gibt für Hyper-V einige kostenlose Überwachungstools, mit denen Sie Ihre Server besser im Blick behalten können. Die bekanntesten Tools sind:

Veeam One (http://www.veeam.com/de/virtualization-management-one-solution.html)

SolarWinds Free VM Monitor
(http://www.solarwinds.com/de/products/freetools/vm_monitor.aspx)

ManageEngine Free HyperV Server Monitor
(http://www.manageengine.de/kostenlos/hyperv-server-monitor.html)

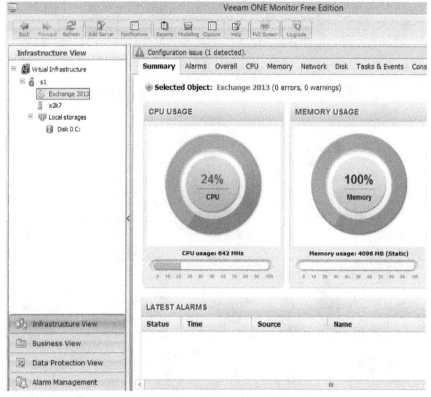

Abbildung 1.13: Veeam One kann Hyper-V und VMs umfassend überwachen

Wer zur Überwachung des Netzwerks professionelle OpenSource-Werkzeuge sucht, kann auch auf Nagios (http://www.nagios.org) und Zenoss Core (http://sourceforge.net/projects/zenoss) einsetzen. Ein weiteres Programm in diesem Bereich ist OpenNMS (http://www.opennms.org). Auf meinem Blog (http://thomasjoos.wordpress.com) finden Sie dazu einige Artikel zur Einrichtung.

Das Überwachungs-Tool Pässler PRTG Network Monitor steht als Freeware und als 30 Tage-Testversion zur Verfügung. Mit der Freeware können Sie bis zu 10 Sensoren kostenlos überwachen lassen. Sobald die Hyper-V-Hosts angebunden sind, können Administratoren verschiedene Sensoren zur Überwachung von Hyper-V anbinden:

1. Starten Sie die PRTG Network Monitor Enterprise Console.

2. Über *Bearbeiten\Gerät hinzufügen* binden Sie zunächst den Hyper-V-Host an. Sie können auch virtuelle Server überwachen. Dazu binden Sie die entsprechende VM an PRTG an.

3. Klicken Sie mit der rechten Maustaste auf den Server und wählen Sie *Sensor hinzufügen*.

4. Wählen Sie im unteren Bereich den Sensor aus, mit dem Sie den Server überwachen können. Wählen Sie bei Art des Zielsystems im oberen Bereich die Option *Virtualisierungs-OS* aus.

5. Im unteren Bereich wählen Sie aus, welchen Bereich Sie überwachen wollen. Anschließend können Sie den Sensor noch an Ihre Bedürfnisse anpassen.

6. Durch einen Klick auf den Sensor ist auf der rechten Seite der Status zu sehen. Auf der Registerkarte *Livegraph* ist der aktuelle Zustand des Servers genauer zu sehen.

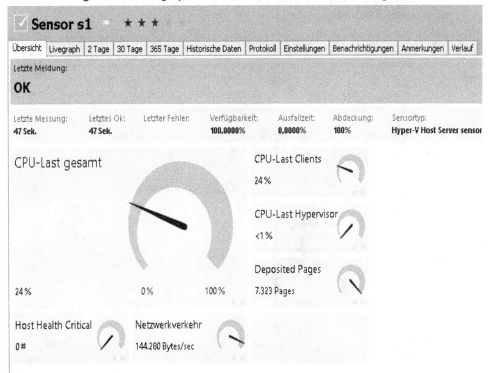

Abbildung 1.14: Das Tool PRTG bietet umfassende Überwachung für Hyper-V an

Hyper-V mit Linux-VM überwachen: VMTurbo Virtual Health Monitor

Ein interessantes Überwachungsprogramm für Hyper-V ist *VMTurbo Virtual Health Monitor* (http://go.vmturbo.com/freehealthmonitor.html). Mit diesem Tool überwachen Sie Hyper-V mit Windows Server 2012 R2, aber auch vSphere. Im Fokus der Anwendung steht die Leistungs- und Gesundheitsüberwachung der Hosts und der virtuellen Server im Netzwerk.

Im Grunde genommen handelt es sich bei *VMTurbo Virtual Health Monitor* um einen virtuellen Server auf Basis von Linux. Sie entpacken das Archiv und importieren den virtuellen Server im Hyper-V-Manager.

In manchen Umgebungen ist es sinnvoll, wenn Sie die virtuelle Netzwerkkarte nach dem Export entfernen und eine ältere Netzwerkkarte dem virtuellen Server zuordnen. Erst dann funktioniert in vielen Umgebungen die Anbindung.

Wenn der virtuelle Server gebootet wurde, sehen Sie die IP-Adresse im Fernwartungsfenster von Hyper-V. Öffnen Sie ein Browserfenster zur IP-Adresse und geben Sie *administrator* als Benutzername und als Kennwort ein. In der Weboberfläche passen Sie das Tool an Ihre Bedürfnisse an. In der Weboberfläche registrieren Sie sich für die kostenlose Version und binden Ihre Hyper-V-Server an. Anschließend können Sie die Überwachung in der Weboberfläche an Ihre Bedürfnisse anpassen.

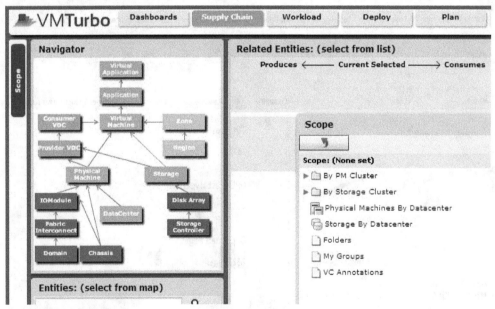

Abbildung 1.15: Mit VMTurbo Virtual Health Monitor überwachen Sie Ihre Hyper-V-Umgebung mit einem virtuellen Linux-Server

Überwachung mit Freeware, ohne Installation

Mit der Freeware *HyperV_Mon* von der Seite http://www.tmurgent.com, können Sie
Leistungsdaten virtueller Server und des Hosts abrufen. Sie müssen das Tool nicht
installieren, sondern nur herunterladen und die ausführbare Datei starten. Nach dem Start
verbindet sich das Tool mit dem Hyper-V-Host und zeigt Ihnen die wichtigsten Leistungsdaten
des Hosts, aber auch der verschiedenen VMs an. Das Tool hat bei unseren Tests auch mit
Windows 10 Server funktioniert.

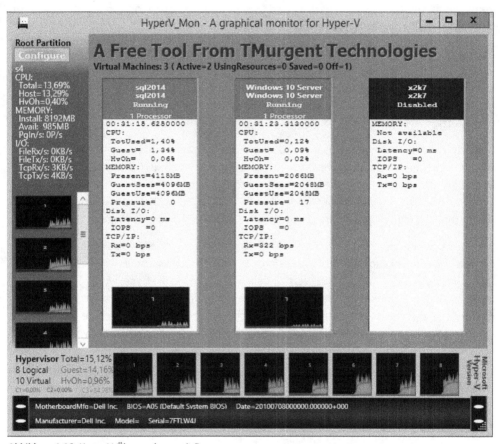

Abbildung 1.16: Hyper-V-Überwachung mit Freeware

Von VMware zu Hyper-V migrieren

Um Unternehmen die Migration von virtuellen Servern von VMware zu Hyper-V zu erleichtern, stellt Microsoft das kostenlose Tool *Microsoft Virtual Machine Converter Solution Accelerator* (http://www.microsoft.com/en-us/download/details.aspx?id=34591) zur Verfügung.

Während der Migration übernimmt das Tool die virtuellen Festplatten aus dem VMware-Format (VMDK) zum Hyper-V-Format und konfiguriert die virtuellen Netzwerke der virtuellen Server. Außerdem kann das Tool Dynamic Memory anpassen, also die dynamische Verwendung des Arbeitsspeichers. Das Tool erlaubt auch die Migration von vSphere-Clustern und kann virtuelle Server zu Windows Server-Cluster übernehmen.

Als Gastbetriebssystem muss auf den virtuellen Servern Windows Server 2003/2003 R2 mit Service Pack 2, Windows Server 2008/2008 R2/2012/2012 R2 oder Windows 7/Vista installiert sein. Auch Windows 8/8.1 lassen sich nutzen. Das heißt, andere Betriebssysteme können Sie mit dem Tool nicht migrieren. Windows 10 Server wird aktuell noch nicht unterstützt.

Außerdem müssen alle virtuellen Server Bestandteil einer Active Directory-Gesamtstruktur sein. Unternehmen müssen mindestens VMware vSphere (vCenter) 5.0 betreiben um eine Migration zu erlauben. Die virtuellen Server lassen sich dann zu Servern mit Windows Server 2008 R2 SP1/2012/2012 R2, Hyper-V Server 2008 R2 SP1/2012/2012 R2 migrieren. Die Gastbetriebssysteme können dazu als 32-Bit oder als 64-Bit-Version vorliegen.

Während der Migration passt das Tool die Konfiguration der virtuellen Server an und berücksichtigt dabei auch die Einstellungen für den Arbeitsspeicher und den virtuellen Prozessor. Auch die VMware-Tools werden deinstalliert, sowie die Hyper-V Integrationservices integriert. Die Migration findet über einen Assistenten statt. Bestandteil des Tools ist aber auch eine skriptbasierte Möglichkeit der Migration sowie eine Offlinekonvertierung der virtuellen Festplatten. *Microsoft Virtual Machine Converter* unterstützt dazu auch die PowerShell.

Migration Automation Toolkit (MAT)

Zusätzlich gibt es mit dem Migration Automation Toolkit (MAT) die Möglichkeit Migrationen in der Eingabeaufforderung, beziehungsweise PowerShell durchzuführen. Dabei helfen die beiden Befehlszeilentools *Mvdc* und *Mvmc* (http://gallery.technet.microsoft.com/Automation-Toolkit-for-d0822a53). Das Tool *Mvdc* kann virtuelle Festplatten konvertieren, und das Tool *Mvmc* kann die Migration kompletter virtueller Server skripten, genauso wie der Assistent mit grafischer Oberfläche.

Virtuelle Festplatten lassen sich mit dem Tool von verschiedenen Formaten zu dynamischen Festplatten oder zu Festplatten mit fester Größe konvertieren. Das Toolkit arbeitet für die

Migration auch mit PowerCLI, der PowerShell-Erweiterung von vSphere, zusammen. Zum Download gehört auch eine PDF-Datei, in der die Tools und Skripts genauer erklärt werden.

Serveranwendungen virtualisieren

In den nächsten Abschnitten gehen wir darauf ein, was Sie bei der Virtualisierung von Serverdiensten beachten müssen.

Tipps zur Virtualisierung von Exchange Server 2013

Exchange Server 2013 unterstützt nicht die Verwendung des dynamischen Arbeitsspeichers. Weisen Sie daher immer festen Arbeitsspeicher zu, wenn Sie virtuelle Server installieren. Sie sollten für virtuelle Exchange-Server auch möglichst keine Snapshots erstellen. Von den Snapshots wird auch die Datenbank von Exchange erfasst. Setzen Sie einen Snapshots zurück, kann es zu Problemen in den Exchange-Datenbanken kommen. Mit Windows 10 Server und den neuen Produktivitäts-Snapshots auf Basis der Datensicherung von VMs gilt das nicht mehr. Wir haben dieses Thema im Abschnitt zu den Neuerungen in Windows 10 Server erläutert.

Exchange unterstützt ein Verhältnis von virtuellen zu logischen Prozessoren von maximal 2:1, empfohlen wird ein Verhältnis von 1:1. Ein Dualprozessorsystem mit Quad-Core-Prozessoren enthält zum Beispiel insgesamt acht logische Prozessoren im Hostsystem. Weisen Sie in einem System mit dieser nicht mehr als insgesamt 16 virtuelle Prozessoren zu.

Sie müssen jedem virtuellen Exchange-Server ausreichend Speicherplatz für die Nachrichtenwarteschlangen sowie für die Datenbanken und Protokolldateien auf Postfachservern zuweisen. Der verwendete Speicher für Exchange-Daten (Postfachdatenbanken und Transportwarteschlangen) kann aus virtuellen Festplatten mit einer festen Größe, SCSI-Pass-Through-Speicher oder iSCSI-Speicher bestehen. Bei jedem vom Exchange-Server verwendeten Speicher für Exchange-Daten muss es sich um Speicher auf Blockebene handeln.

Exchange Server 2013 unterstützt nicht die Verwendung von NAS-Speichern (Network Attached Storage). Außerdem wird NAS-Speicher, der für den Gast als Speicher auf Blockebene über den Hypervisor dargestellt wird, nicht unterstützt. Feste VHDs können aber in SMB 3.0-Dateifreigaben gespeichert sein, wenn auf dem virtuellen Server Windows Server 2012/2012 R2 oder Windows 10 Server ausgeführt wird.

SMB 3.0-Dateifreigaben werden ausschließlich als Speicher fester VHDs unterstützt. Solche Dateifreigaben können nicht für die direkte Speicherung von Exchange-Daten verwendet werden. Wenn SMB 3.0-Dateifreigaben zur Speicherung fester VHDs verwendet werden, sollte der Speicher, der die Dateifreigabe unterstützt, für hohe Verfügbarkeit konfiguriert sein. Die Konfiguration von iSCSI-Speicher für die Verwendung eines iSCSI-Initiators in einem virtuellen Exchange-Server wird unterstützt.

Veeam Explorer for Exchange

Mit dem Veeam Explorer for Exchange in der kostenlosen oder kostenpflichtigen Version von Veeam Backup, öffnen Sie Exchange-Datenbankendateien (EDB). Stellen Sie zum Beispiel über Veeam Backup eine Sicherung einer EDB-Datei wieder her, können Sie die EDB-Datei mit Veeam Explorer for Exchange öffnen. Wir zeigen im nächsten Abschnitt die Einrichtung des Dienstes in der Praxis.

Anschließend sehen Sie die Postfächer der Datenbank. Über das Kontextmenü von Objekten oder ganzen Postfächern können Sie einzelne Daten in PST-Dateien exportieren oder in andere Postfächer wiederherstellen. Sie benötigen dazu mindestens Outlook 2010 als 64-Bit-Version auf dem entsprechenden Server.

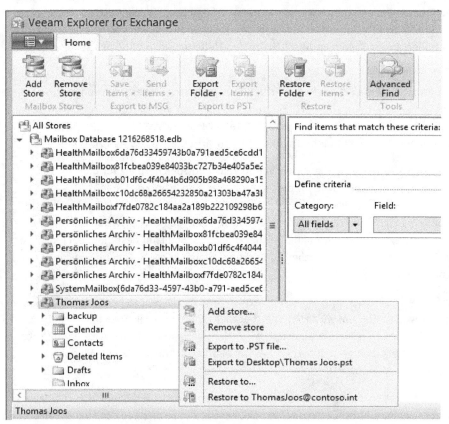

Abbildung 1.17: Mit Veeam Explorer for Exchange stellen Sie Daten von virtuellen und physischen Exchange-Servern wieder her

Damit Veeam Explorer for Exchange Datenbanken öffnen kann, müssen Sie über die Optionen zunächst den Pfad zur Datei *ese.dll* angeben. Dieser ist normalerweise *C:\Program Files\Microsoft\Exchange Server\V15\Bin*. Im nächsten Abschnitt zeigen wir Ihnen den Umgang mit dem Tool in der Praxis.

Veeam/Exchange - VMs sichern und wiederherstellen

Im folgenden Abschnitt zeigen wir Ihnen, wie Sie mit der Freeware Veeam Backup virtuelle Server sichern und wiederherstellen. Wir zeigen Ihnen in diesem Zusammenhang auch, wie Sie kostenlos Exchange-Datenbanken sichern und wiederherstellen können.

Veeam für VM-Sicherung installieren und einrichten

Basis der Sicherung von VMs mit der Möglichkeit Exchange-Datenbanken öffnen zu können, ist die Installation von Veeam Backup Free Edition. Die kostenlose Version laden Sie von der Seite http://www.veeam.com/free-backup. Beim Einsatz mit Windows Server 2012 R2 müssen Sie erst eine Aktualisierung installieren. In Windows 10 Server können Sie das Produkt aktuell noch nicht nutzen. Hier müssen Sie abwarten, bis der Hersteller eine neue Version zur Verfügung stellt.

Installieren Sie Veeam zuerst auf einem Server. Während der Installation erhalten Sie auch Hinweise, welche Voraussetzungen fehlen. Über den Installationsassistent kann das Produkt die notwendigen Erweiterungen herunterladen und installieren. Im Rahmen der Einrichtung müssen Sie auch den Benutzernamen und das Kennwort für den Systemdienst eingeben. Verwenden Sie hier am besten einen Hyper-V-Administrator. Während der Einrichtung können Sie entweder eine Anbindung an einen bestehenden Server mit SQL Server 2012 R2/2014 durchführen, oder Sie lassen die Express-Edition von SQL Server 2008 R2 installieren. In der Datenbank werden Konfigurationsdaten gespeichert, nicht die Daten der gesicherten VMs.

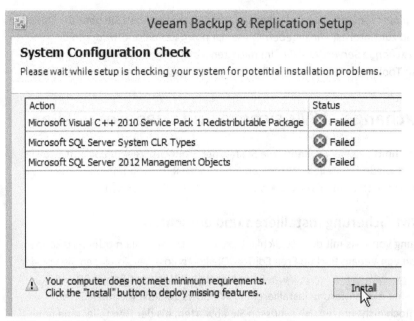

Abbildung 1.18: Veeam kann seine eigenen Voraussetzungen installieren

Weitere Einstellungen sind die Ports für die Verwaltung und die Installationsverzeichnisse. Danach wird Veeam eingerichtet. Die ganzen Vorgänge dauern nur wenige Minuten. Nachdem die Hauptinstallation abgeschlossen ist, müssen Sie sich an die Aktualisierung und die Einrichtung machen.

Veeam für Windows Server 2012 R2 fit machen

Damit Sie Veeam für Windows Server 2012 R2 nutzen können, müssen Sie die Aktualisierung von der Seite http://www.veeam.com/kb1831 herunterladen und auf dem Server installieren.

Nach der Installation der Aktualisierung, müssen Sie die Veeam-Konsole starten, damit die Installation des Patches abgeschlossen werden kann. Erst dann ist Veeam kompatibel mit Windows Server 2012 R2 und auch für Exchange Server 2013, wenn Sie auf virtuelle Exchange-Datenbanken zugreifen wollen.

Abbildung 1.19: Veeam aktualisieren Sie für Windows Server 2012 R2

Veeam einrichten und Hyper-V-Hosts anbinden

Nachdem Sie Veeam aktualisiert und gestartet haben, können Sie Hyper-V-Hosts an Veeam anbinden. Dazu klicken Sie in der Veeam-Konsole auf *Microsoft-Hyper-V* und wählen *Add Server*. Geben Sie den Namen oder die IP-Adresse des Hosts an, den Sie anbinden wollen.

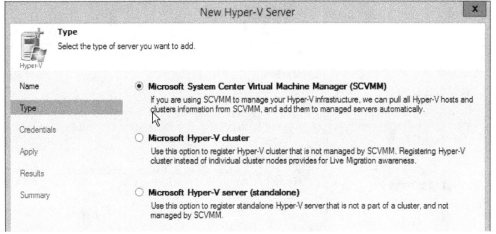

Abbildung 1.20: In der Veeam-Konsole binden Sie Server oder SCVMM an

Im Rahmen der Anbindung über den Assistenten können Sie entweder einzelne Hyper-V-Hosts anbinden oder alle Hyper-V-Hosts, die Sie an eine SCVMM-Infrastruktur angebunden haben. Hierzu finden Sie bei Amazon ein eigenes ebook von mir mit dem Titel „System Center Virtual Machine Manager 2012 R2" (https://www.amazon.de/dp/B00NLEG5MO).

Während der Einrichtung geben Sie noch einen Benutzernamen und das Kennwort für einen Administrator an, der das Recht hat Software auf dem Hyper-V-Host zu installieren. Danach verbindet sich der Assistenten mit dem Hyper-V-Host, installiert den Veeam-Agenten und bindet den Hyper-V-Host an Veeam an.

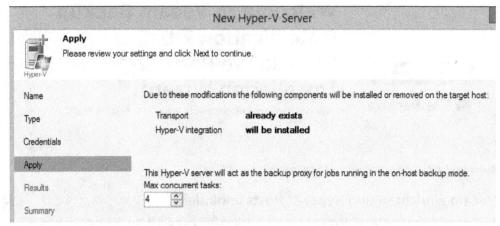

Abbildung 1.21: *Veeam bindet einen Hyper-V-Host an*

Auf diesem Weg binden Sie alle gewünschten Hyper-V-Hosts an. Klicken Sie nach der Anbindung den Hyper-V-Host in Veeam an, sehen Sie auf der rechten Seite alle virtuellen Server, die Sie über Veeam auf den Hosts sichern können.

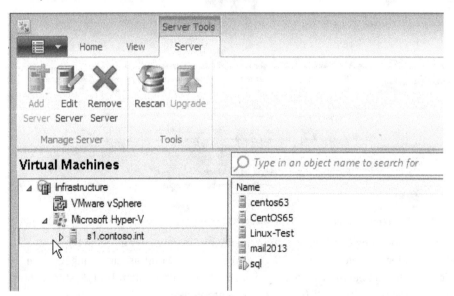

Abbildung 1.22: *Veeam zeigt die VMs an, die Sie über Veeam sichern können*

VMs mit Veeam sichern - Beispiel: Exchange 2013 SP1

Um VMs mit Veeam zu sichern, öffnen Sie die Registerkarte *Home* und klicken auf VeeamZIP.
Wählen Sie den Host aus, auf dem sich die VM befindet, die Sie sichern wollen, und wählen
Sie danach die entsprechende VM aus. Nachdem Sie den Server ausgewählt haben, müssen
Sie nur noch den Pfad auswählen, in dem Veeam die Sicherungsdatei der VM ablegen soll.
Über den Menüpunkt *More* können Sie noch festlegen, wie die Daten komprimiert werden
sollen.

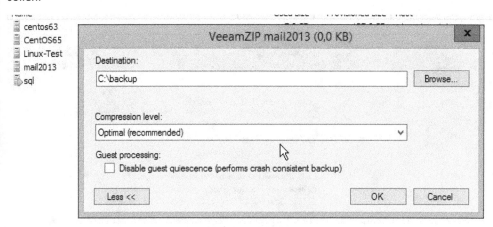

*Abbildung 1.23: In Veeam wählen Sie aus, welchen Server Sie sichern wollen, in welches Sicherungsverzeichnis die
Datei gespeichert werden soll, und wie die Komprimierung durchgeführt werden soll*

Danach lassen Sie den Server sichern. Den Status zeigt Veeam an, auch die Datenmengen, die
gesichert wird. Während der Sicherung werden im Falle von virtuellen Exchange-Servern,
auch die Exchange-Datenbanken gesichert. Auf diese können Sie nach der Sicherung
zugreifen um Daten aus den Exchange-Datenbanken wiederherzustellen.

Während der Sicherung sehen Sie für jeden Sicherungsjobs die Übertragungsmenge, die
Statistik und mehr. Wenn Sie einmal eine Sicherung erstellt haben, können Sie zukünftig über
das Kontextmenü der VM eine erneute Sicherung mit den gleichen Einstellungen
wiederholen.

Nach der Sicherung sind alle Daten der VM in einer einzelnen Datei abgelegt. Diese Datei
können Sie für die Wiederherstellung der ganzen VM nutzen, oder im Falle von Exchange zur
Wiederherstellung von Daten aus Exchange-Datenbanken.

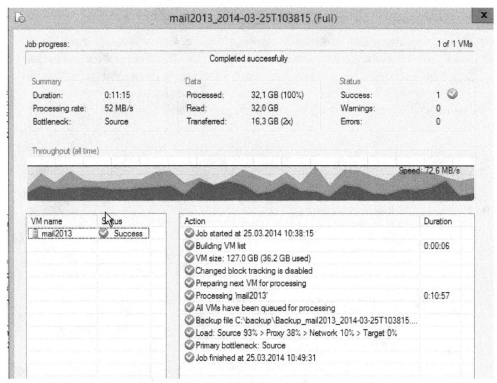

Abbildung 1.24: Veeam zeigt den Status der Datensicherung an

VMs und Exchange-Datenbanken mit Veeam wiederherstellen

Wenn Sie von einem virtuellen (Exchange-) Server eine Sicherung in einer Datei vorliegen haben, können Sie diese über die Registerkarte *Home* mit *Restore* einlesen um die VM wiederherstellen zu können.

Über diesen Weg haben Sie auch die Möglichkeit auf virtuelle Exchange-Datenbanken zuzugreifen. Dazu öffnen Sie die Sicherungsdatei des virtuellen Servers und lassen die Daten in der Sicherungsdatei einlesen.

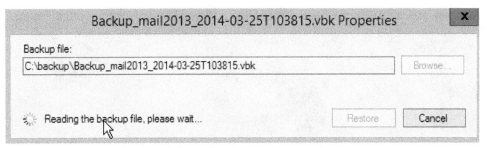

Abbildung 1.25: Veeam Backup liest die Daten einer Sicherung ein

Nachdem die Sicherungsdatei eingelesen wurden, können Sie den virtuellen Server komplett wiederherstellen, oder nur einzelne Dateien aus der Sicherung. Auf diesem Weg können Sie auch auf einzelne Dateien innerhalb der VM zugreifen und diese wiederherstellen lassen.

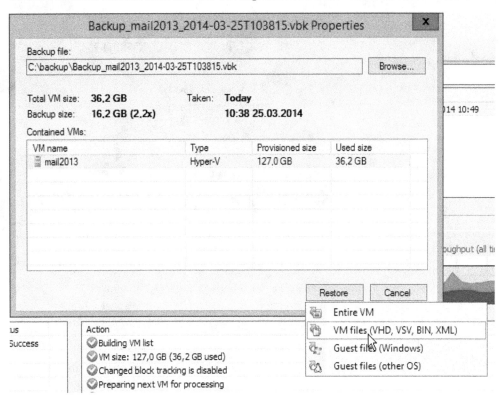

Abbildung 1.26: Sie können auswählen, was Sie aus einer Sicherung wiederherstellen wollen

Wählen Sie die Option *Guest files (Windows)* aus, können Sie aus den internen Daten der VM Wiederherstellungen durchführen. Diesen Weg wählen Sie auch, wenn Sie Daten aus einer Exchange-Sicherung wiederherstellen wollen. Dazu klicken Sie im Backup Browser auf *Exchange Items*. Sie können hier auch SharePoint-Daten wiederherstellen.

Durch einen Klick auf *Exchange Items*, öffnen Sie den *Veeam Explorer for Microsoft Exchange*. Mit diesem können Sie Daten aus einem virtuellen Exchange-Server einlesen und wiederherstellen.

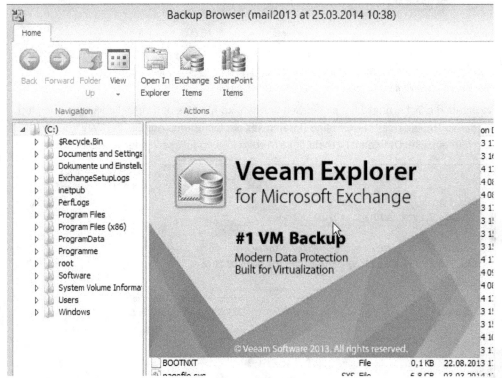

Abbildung 1.27: IM Backup Browser stellen Sie einzelne Dateien aus der VM wieder her oder Exchange-Daten aus Exchange-Datenbanken

Wenn Veeam Explorer for Microsoft Exchange gestartet ist, werden die Exchange-Datenbanken des gesicherten virtuellen Exchange-Servers angezeigt. In einem Browserfenster können Sie jetzt auf einzelne Exchange-Postfächer und sogar E-Mails zugreifen um diese wiederherstellen zu können. Sie haben hier auch die Möglichkeit die Daten zu exportieren.

Über das Kontextmenü können Sie Daten direkt in Exchange-Datenbanken wiederherstellen, oder in PST-Dateien exportieren. Auf dem Server muss dazu auch die 64-Bit-Version von Outlook 2010 installiert sein.

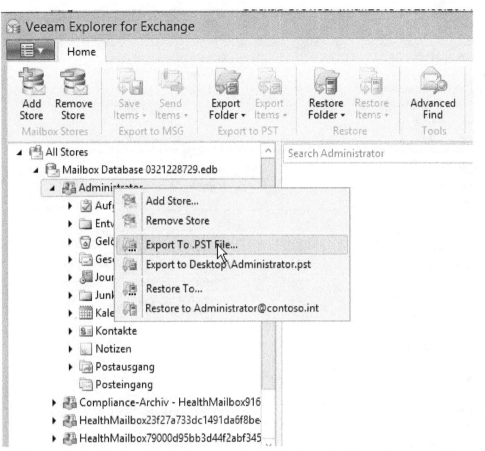

Abbildung 1.28: *Veeam Explorer for Exchange kann auch auf einzelne Daten des Exchange-Servers zugreifen*

Index

Abbildungsverzeichnis

Impressum

Thomas Joos

Hof Erbach 1

74206 Bad Wimpfen

E-Mail: thomas.joos@live.de

Verantwortlich für den Inhalt (gem. § 55 Abs. 2 RStV):

Thomas Joos, Hof Erbach 1, 74206 Bad Wimpfen

Disclaimer – rechtliche Hinweise

§ 1 Haftungsbeschränkung

Die Inhalte diesem Buch werden mit größtmöglicher Sorgfalt erstellt. Der Anbieter übernimmt jedoch keine Gewähr für die Richtigkeit, Vollständigkeit und Aktualität der bereitgestellten Inhalte. Die Nutzung der Inhalte des Buches erfolgt auf eigene Gefahr des Nutzers. Namentlich gekennzeichnete Beiträge geben die Meinung des jeweiligen Autors und nicht immer die Meinung des Anbieters wieder. Mit der reinen Nutzung des Buches des Anbieters kommt keinerlei Vertragsverhältnis zwischen dem Nutzer und dem Anbieter zustande.

§ 2 Externe Links

Dieses Buch enthält Verknüpfungen zu Websites Dritter ("externe Links"). Dieses Buchs unterliegen der Haftung der jeweiligen Betreiber. Der Anbieter hat bei der erstmaligen Verknüpfung der externen Links die fremden Inhalte daraufhin überprüft, ob etwaige Rechtsverstöße bestehen. Zu dem Zeitpunkt waren keine Rechtsverstöße ersichtlich. Der Anbieter hat keinerlei Einfluss auf die aktuelle und zukünftige Gestaltung und auf die Inhalte der verknüpften Seiten. Das Setzen von externen Links bedeutet nicht, dass sich der Anbieter die hinter dem Verweis oder Link liegenden Inhalte zu Eigen macht. Eine ständige Kontrolle der externen Links ist für den Anbieter ohne konkrete Hinweise auf Rechtsverstöße nicht zumutbar. Bei Kenntnis von Rechtsverstößen werden jedoch derartige externe Links unverzüglich gelöscht.

§ 3 Urheber- und Leistungsschutzrechte

Die auf diesem Buch veröffentlichten Inhalte unterliegen dem deutschen Urheber- und Leistungsschutzrecht. Jede vom deutschen Urheber- und Leistungsschutzrecht nicht zugelassene Verwertung bedarf der vorherigen schriftlichen Zustimmung des Anbieters oder jeweiligen Rechteinhabers. Dies gilt insbesondere für Vervielfältigung, Bearbeitung, Übersetzung, Einspeicherung, Verarbeitung bzw. Wiedergabe von Inhalten in Datenbanken oder anderen elektronischen Medien und Systemen. Inhalte und Rechte Dritter sind dabei als solche gekennzeichnet. Die unerlaubte Vervielfältigung oder Weitergabe einzelner Inhalte oder kompletter Seiten ist nicht gestattet und strafbar. Lediglich die Herstellung von Kopien und Downloads für den persönlichen, privaten und nicht kommerziellen Gebrauch ist erlaubt.

Die Darstellung diesem Buch in fremden Frames ist nur mit schriftlicher Erlaubnis zulässig.

§ 4 Besondere Nutzungsbedingungen

Soweit besondere Bedingungen für einzelne Nutzungen diesem Buch von den vorgenannten Paragraphen abweichen, wird an entsprechender Stelle ausdrücklich darauf hingewiesen. In diesem Falle gelten im jeweiligen Einzelfall die besonderen Nutzungsbedingungen.

Quelle: Impressum erstellt mit Juraforum.

www.ingramcontent.com/pod-product-compliance
Lightning Source LLC
Chambersburg PA
CBHW061040050326
40689CB00012B/2917